ESPUMA II

EL RETORNO

Diana Visintini

Para realizar pedidos de este libro, contacte con:
Palibrio LLC
1663 Liberty Drive
Suite 200
Bloomington, IN 47403
Gratis desde EE. UU. al 877.407.5847
Gratis desde México al 01.800.288.2243
Gratis desde España al 900.866.949
Desde otro país al +1.812.671.9757
Fax: 01.812.355.1576
ventas@palibrio.com

Número de Control de la Biblioteca del Congreso de EE. UU.: 2022900610
ISBN: 978-1-5065-3975-1 (tapa blanda)
ISBN: 978-1-5065-3976-8 (libro electrónico)

Información de la imprenta disponible en la última página

Fecha de revisión: 17/01/2022

Homenaje a Marco Augusto

Para Laureano y Azul

Este libro integra la serie de animales de la Patagonia, y es la segunda parte de "Espuma la ballena blanca", editado en 1995. "Espuma II", destinado a alumnos de última etapa de educación elemental de todo el mundo.

1

Que lindo sería volver a encontrarte...!

Ver tu alegría de vivir al fin de cada día

El Mar reflejado en tu piel

Moviéndose al compás de tu danza majestuosa

Tiznado el cielo de estratos errantes,

Fuego vivo ahogándose en tu horizonte

Una senda de Espuma,

Dejas a tu paso

Con música de vientos,

Acantilados y mesetas,

Arenas inquietas

Que no limitan tu andar...

2020...

Espuma vuelve: ya no es más un cachorro; ahora es un adulto. Y está más oscuro: su piel se ha tornado más opaca, y aún conserva sus manchas negras. Nunca será oscuro casi negro, como la mayoría de las ballenas.

Y ha crecido bastante; mide tanto como diez o más, metros de largo; sus movimientos son seguros, buscando algún amigo de su edad para moverse despreocupadamente por este golfo de aguas tranquilas, donde nació, viviendo el placer de nadar libremente en un lugar protegido y resguardado de las matanzas pasadas que, diezmaron hasta casi extinguir los de su raza.

5

Hace cien años las flotas balleneras cazaban esta especie a la que denominaron **"ballena franca"** –right whale–, por ser la ideal para cazar: un animal amistoso, que no se alejaba ante la proximidad de embarcaciones, y luego de ser impactado con el arpón, flotaba a causa del aire en sus pulmones y por la grasa de su cuerpo, objetivo principal de la caza.

Los balleneros navegaban por los mares donde sabían de la presencia de estos **cetáceos**, y oteaban el horizonte en busca de las respiraciones típicas de estos animales, – el "spray en V". A la vista de ello, el marinero vigía, gritaba vehemente a la tripulación: *"¡allá sopla!"*, mientras señalaba el lugar avistado..., *"Thar she blows!"*

(así nace el término *avistaje*).

Un bote más pequeño o chalupa, era bajado rápidamente al agua para acercarse al gigante, arponearlo y llevarlo, una vez muerto, a la factoría, donde se lo despostaba: la grasa iba a derretir en grandes calderos de hierro, para utilizarse como elemento combustible; las **"barbas córneas"**, o "ballenas", de consistencia queratinosa, se utilizarían en la confección de ropa femenina: miriñaques, corsés, cuellos, sombrillas. Todo lo demás se tiraba.

Esta actividad – conocida mundialmente como *"whaling"*–, constituyó durante años, un factor importante en la economía de muchos países: Estados Unidos, el País Vasco, Inglaterra, Noruega. En Argentina se sabe de una factoría, pequeña, instalada por los americanos en el Golfo Nuevo, entre Punta Arco y Punta Flecha, denominada Los Tachos, aludiendo a elementos que denotan la actividad desarrollada durante una época un tanto incierta a inicios del siglo XIX.

La evolución de estos seres comienza, hace aproximadamente sesenta millones de años, cuando mamíferos gigantes se internaron en el mar en busca de seguridad y alimento.

El cuerpo terrestre sufrió adaptaciones al nuevo medio: adquirió gran tamaño debido a su flotabilidad en el agua; los orificios nasales se movieron hacia la parte superior de la cabeza buscando la superficie del agua donde respirar; el manto pilífero se transformó en una gruesa capa de grasa envolviendo su anatomía para protegerla de las bajas temperaturas de los mares; las extremidades delanteras copiaron la suavidad del agua para dirigir su locomoción, mientras que las posteriores se afinaron en una V grácil, triunfal, esbelta aleta caudal, símbolo de su presencia en el planeta.

De los cetáceos conocidos – 79 especies en total –, la ballena franca integra el suborden *misticetos*, ballenas sin dientes, o ballenas barbadas, denominándose a esta especie *eubalaena australis*, conocida comúnmente como ballena franca del sur.

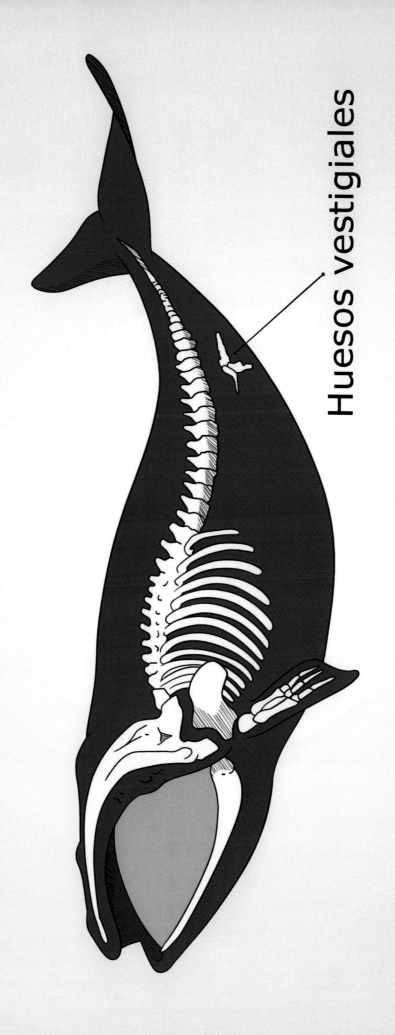

Huesos vestigiales

En el hemisferio sur existen tres zonas bien definidas de presencia de esta especie: el Golfo de Santa Catarina, al sur de Brasil, el área Península Valdés en Patagonia Argentina, la región al sur de África – Klenbai y Gänsbai – y todo el sur de Australia con un área de máxima concentración en Head of Bight, la gran bahía meridional de ese país.

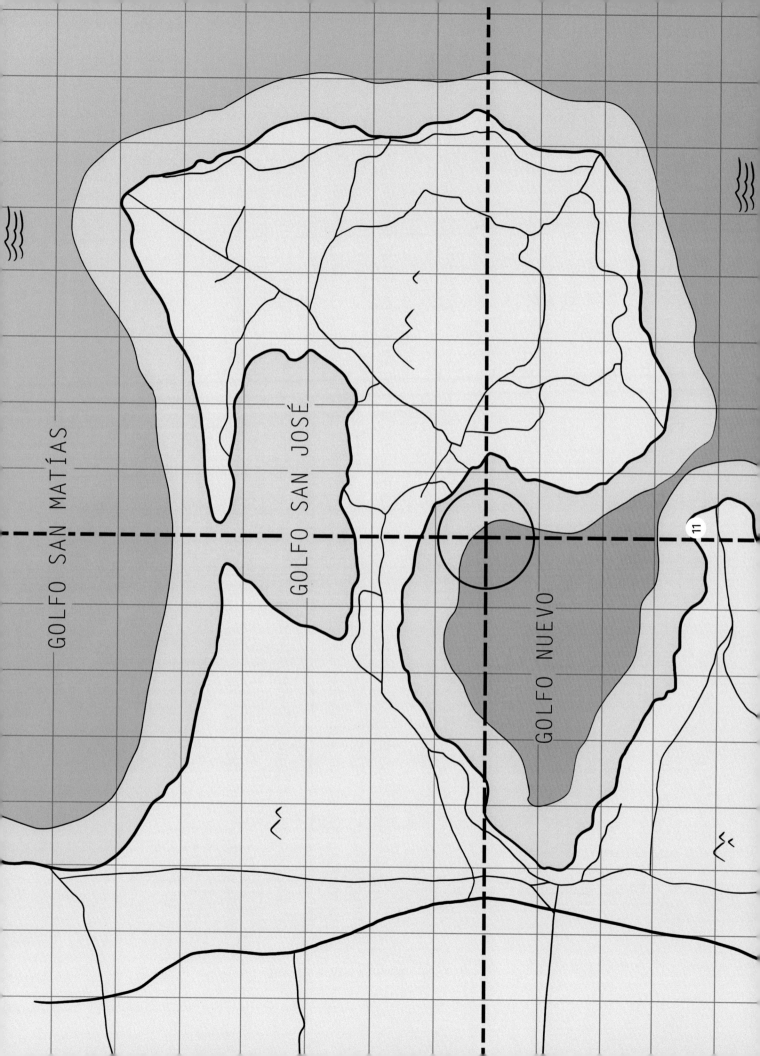

GOLFO SAN MATÍAS

GOLFO SAN JOSÉ

GOLFO NUEVO

11

Todos los años, en el mes de Mayo, entre mil a dos mil individuos se aproximan, en forma aislada, a las costas del Golfo Nuevo y San José a parir, criar sus cachorros y/o aparearse. Cuando ocurre esto último, se forma un "grupo de cópula", – una hembra y dos o tres machos. Sólo uno de los machos logrará copular a la hembra, en una asombrosa excitación de resoplidos, rolidos y aletazos en el agua.

Los primeros ballenatos – crías –, nacen en Junio y Julio, luego de un período de gestación aproximado de un año, y permanecerán con su madre otro tanto, acompañándola en su migración al fin de la temporada, – Noviembre, Diciembre –, a zonas oceánicas de alimentación. En estas zonas, no aún bien determinadas, se alimentan de *krill*, pequeño crustáceo planctónico parecido a un diminuto camarón. La ballena avanza con la boca abierta, "cosechando" a su paso, krill, agua y pequeños organismos: con las barbas retiene el alimento en su boca y filtra el agua hacia fuera a través de las mismas.

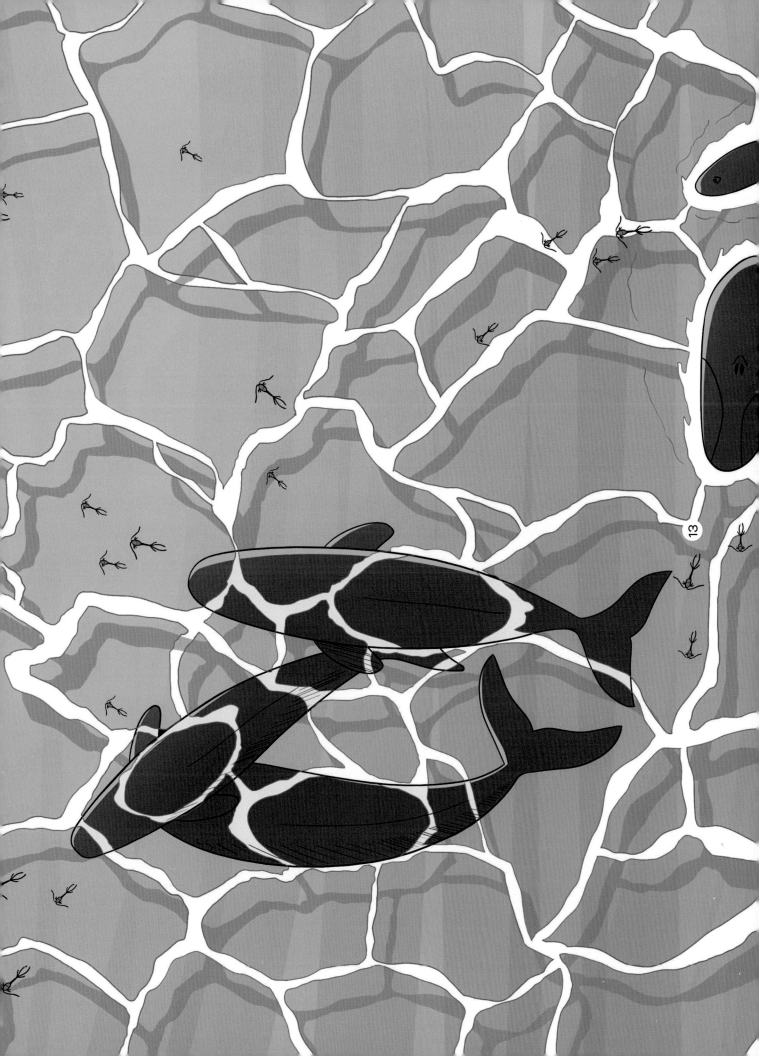

13

Durante su estadía en Valdés, no se alimentan o lo hacen muy esporádicamente, hacia el fin de la temporada, y capta nuestra atención ver un animal con la boca abierta mostrando sus barbas. No obstante, esto no significa que se esté alimentando, sino que podría ser un mecanismo de termorregulación de su temperatura corporal.

Es impactante ver su actitud majestuosa hundiéndose en el agua después de respirar mostrando los potentes espiráculos abrir y cerrar, expeler aire formando una V de spray, y desaparecer bajo ese cristal frío, tensando el cuerpo que arrastra la imponente aleta caudal.

A lo lejos se oye un estampido: una ballena está saltando!

Contamos hasta veinte, y allí salta otra vez..., y otra... y a veces hasta seis o siete saltos seguidos. Escuchamos el ruido unos segundos después del salto. Tal vez otra ballena responda de igual forma... Ahá... acá!! Cerca de nuestra embarcación... ESPUMA! Los individuos sub-adultos o jóvenes son muy curiosos... casi atrevidos.

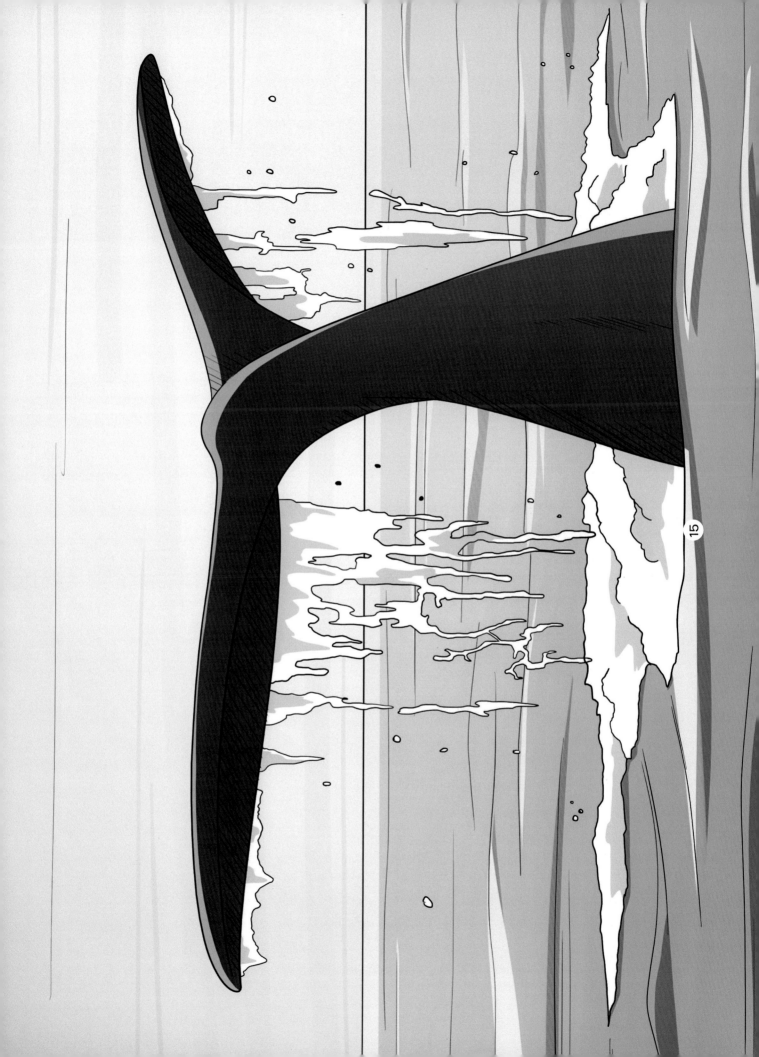

15

ESPUMA se acerca a la embarcación en una suerte de atisbo para interpretar qué anda por allí. Entiende claramente todo lo que está bajo el agua, nadando cerca, casi rozando el casco del barco, y con admirable destreza de su cuerpo pasa a centímetros del mismo, ante nuestro asombro y contenida respiración. "...pero no interpreto lo de afuera del agua", piensa ESPUMA. Entonces saca la cabeza afuera y rola, "espiando" ese mundo desconocido, mostrando un pequeño y enrojecido ojo abierto.

Clicks...chriids! Disparan las cámaras y destellan los flashes...

- *Ooooh..!*
- *Aah...!*
- *Maravilloso..!*
- *Great...!*
- *Bellísimo...!*

Estamos a bordo de una embarcación especialmente habilitada para realizar *avistaje de ballenas.*

Durante la década del '70, algunas excursiones aisladas para avistar ballenas se realizaban, cuando los pescadores artesanales y algunos guías de pesca adoptaron la aproximación a mamíferos marinos, como una alternativa para acrecentar sus ingresos, pero, la actividad de avistamiento, comenzó su desarrollo en los '80.

El área situada al noreste de la provincia de Chubut, latitud 42°S, es uno de los pocos lugares privilegiados del mundo donde pueden observarse cetáceos, aves y mamíferos marinos, y el mejor para ver ballenas francas.

Puerto Pirámides, una pequeña población en la costa norte del Golfo Nuevo, es el punto de partida habilitado, para realizar la visita a las ballenas a bordo de embarcaciones diseñadas a tal fin.

La fauna y flora tan diversa, en la región peninsular, hizo que el gobierno de Chubut, lo declare RESERVA INTEGRAL PENÍNSULA VALDÉS, en el año 1979, con el objeto de proteger y conservar las especies animales y vegetales autóctonas.

Esto implica una serie de condiciones y normativas a cumplir al ingreso a la Reserva – Puesto de control El Desempeño. En el istmo Carlos Ameghino, un Centro de Interpretación ofrece educación ambiental al visitante, información y asesoramiento para un mejor conocimiento del "ecosistema" a visitar.

La Dirección de Áreas Protegidas, su cuerpo de guardafaunas, guías de turismo y guías de fauna marina son parte de este sistema de conservación que se esfuerza para ayudar y cooperar a un mejor desenvolvimiento de la actividad turística con un *impacto mínimo* sobre la Naturaleza.

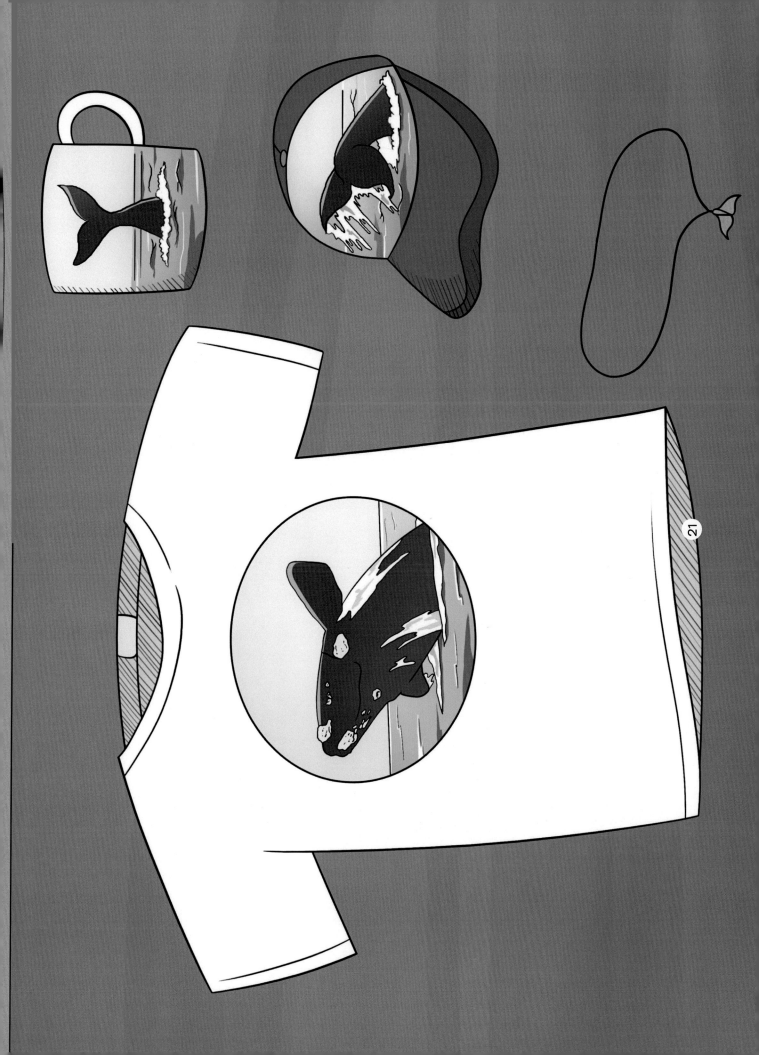

Es responsabilidad de todos los visitantes, tener presente nuestros deberes, cumplirlos, y fomentar el espíritu conservacionista coherentemente, evitando tendencias ultra-ecologistas, que desvalorizan al ser humano en una suerte de desprecio al mismo cuando interactúa con la Naturaleza.

Solo comprenderemos el mensaje de amor y paz transmitido por estos gigantes del mar, desconocedores de fronteras, idiomas o razas, si asumimos con madurez, que no somos **ni** los argentinos, **ni** los *chubutenses* los "dueños" absolutos de estos tesoros vivientes: ellos son "Patrimonio de la Naturaleza".

22

23

Cae el Sol
y resplandece
un mensaje de paz
una restinga bañada en sal
Acantilados
brillantes testigos de tu presencia
Solitaria, la playa escucha
mis pasos
qué no daría yo?!
por estar veinte segundos
en tu mente,
y me pregunto:
¿Por qué aquí?
¿Por qué este lugar
elegiste venir?
Y la brisa del mar
me susurra
"Millonario es,
quien pueda contemplar
esta escena
sin testigos"

LAS BALLENAS JUEGAN UN PAPEL DESTACADO EN
EL BALANCE NATURAL DE LA CADENA TRÓFICA
Y RECIRCULACIÓN DE NUTRIENTES OCEÁNICOS

.... EL ANIMAL MÁS GRANDE DEL PLANETA
SE ALIMENTA DEL MÁS PEQUEÑO...

Que la conciencia para cuidar los OCÉANOS NO LLEGUE DEMASIADO TARDE

Los Océanos son un mar de sorpresas. Y una gran parte de lo más maravilloso es lo
más imperceptible. Tan pequeños, tan diminutos en tamaño, pero cuya real dimensión
solo el futuro puede revelar. Pueblan el mundo que llamamos plankton, y sus dos
componentes: vegetal (phytoplankton), y animal (zooplankton), son el "humus"
de las tres cuartas partes de (nuestra) Tierra.... Y la garantía de supervivencia.

Printed in the United States
by Baker & Taylor Publisher Services